GOUVERNEMENT PORTUGAIS

EMPRUNT EXTÉRIEUR 3 % CONSOLIDÉ

INTÉRÊTS DE RETARD 6 %

DU

6 janvier 1881 au 31 décembre 1881

GOUVERNEMENT PORTUGAIS

EMPRUNT EXTÉRIEUR 3 % CONSOLIDÉ

INTÉRÊTS DE RETARD 6 %

DU

6 janvier 1881 au 31 décembre 1881

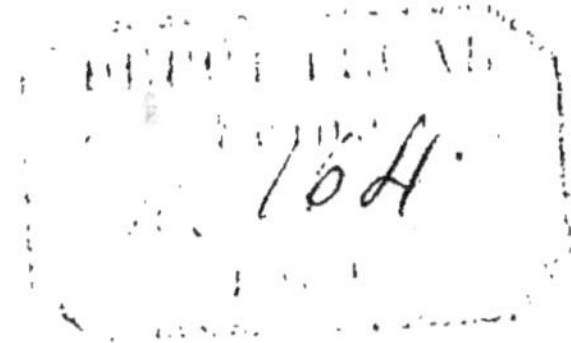

Janvier 1881

DATES	RÉPARTITION				
1er					
2					
3					
4					
5					
6	0.06 312				
7	0.06 943				
8	0.07 575				
9	0.08 206				
10	0.08 837				
11	0.09 468				
12	0.10 100				
13	0.10 731				
14	0.11 362				
15	0.11 993				
16	0.12 625				
17	0.13 256				
18	0.13 887				
19	0.14 518				
20	0.15 150				
21	0.15 781				
22	0.16 412				
23	0.17 043				
24	0.17 675				
25	0.18 306				
26	0.18 937				
27	0.19 568				
28	0.20 200				
29	0.20 831				
30	0.21 462				
31	0.22 093				

Février 1881

DATES	RÉPARTITION	3e VERSEMENT
1er	0.22 725	
2	0.23 356	0.00 841
3	0.23 987	0.01 683
4	0.24 618	0.02 525
5	0.25 250	0.03 366
6	0.25 881	0 04 208
7	0.26 512	0.05 050
8	0.27 143	0.05 891
9	0.27 775	0.06 733
10	0.28 406	0.07 575
11	0.29 037	0.08 416
12	0.29 668	0.09 258
13	0.30 300	0.10 100
14	0.30 931	0.10 941
15	0.31 562	0.11 783
16	0.32 193	0.12 625
17	0.32 825	0.13 466
18	0.33 456	0.14 308
19	0.34 087	0.15 150
20	0.34 718	0.15 991
21	0.35 350	0.16 833
22	0.35 981	0.17 675
23	0.36 612	0.18 516
24	0.37 243	0.19 358
25	0 37 875	0.20 200
26	0.38 506	0 21 041
27	0.39 137	0.21 883
28	0.39 768	0.22 725

Mars 1881

DATES	RÉPARTITION	3e VERSEMENT			
1er	0.40 400	0.23 566			
2	0 41 031	0.24 408			
3	0.41 662	0.25 250			
4	0.42 293	0.26 091			
5	0.42 925	0.26 933			
6	0.43 556	0.27 775			
7	0.44 187	0.28 616			
8	0.44 818	0.29 458			
9	0.45 450	0.30 300			
10	0.46 081	0.31 141			
11	0.46 712	0.31 983			
12	0.47 343	0.32 825			
13	0.47 975	0.33 666			
14	0.48 606	0.34 508			
15	0.49 237	0.35 350			
16	0.49 868	0.36 191			
17	0.50 500	0.37 033			
18	0.51 131	0.37 875			
19	0.51 762	0.38 716			
20	0.52 393	0.39 558			
21	0.53 025	0.40 400			
22	0.53 656	0.41 241			
23	0.54 287	0.42 083			
24	0.54 918	0.42 925			
25	0.55 550	0.43 766			
26	0.56 181	0.44 608			
27	0.56 812	0.45 450			
28	0.57 443	0.46 291			
29	0.58 075	0.47 133			
30	0.58 706	0.47.975			
31	0.59 337	0.48 816			

Avril 1881

DATES	RÉPARTITION	3ᵉ VERSEMENT	4ᵉ VERSEMENT		
1ᵉʳ	0.59 968	0.49 658			
2	0.60 600	0.50 500	0.00 841		
3	0.61 231	0.51 341	0.01 683		
4	0.61 862	0.52 183	0.02 525		
5	0.62 493	0.53 025	0.03 366		
6	0.63 125	0.53 866	0.04 208		
7	0.63 756	0.54 708	0.05 050		
8	0.64 387	0.55 550	0.05 891		
9	0.65 018	0.56 391	0.06 733		
10	0.65 650	0.57 233	0.07 575		
11	0.66 281	0.58 075	0.08 416		
12	0.66 912	0.58 916	0.09 258		
13	0.67 543	0.59 758	0.10 100		
14	0.68 175	0.60 600	0.10 941		
15	0.68 806	0.61 444	0.11 783		
16	0.69 437	0.62 283	0.12 625		
17	0.70 068	0.63 125	0.13 466		
18	0.70 700	0.63 966	0.14 308		
19	0.71 331	0.64 808	0.15 150		
20	0.71 962	0.65 650	0.15 991		
21	0.72 593	0.66 491	0.16 833		
22	0.73 225	0.67 333	0.17 675		
23	0.73 856	0.68 175	0.18 516		
24	0.74 487	0.69 016	0.19 358		
25	0.75 118	0.69 858	0.20 200		
26	0.75 750	0.70 700	0.21 041		
27	0.76 381	0.71 541	0.21 883		
28	0.77 012	0.72 383	0.22 725		
29	0.77 643	0.73 225	0.23 566		
30	0.78 275	0.74 066	0.24 408		

Mai 1881

DATES	RÉPARTITION	3e VERSEMENT	4e VERSEMENT	5e VERSEMENT	
1er	0.78 906	0.74 908	0.25 250		
2	0.79 537	0.75 750	0.26 091		
3	0.80 168	0.76 591	0.26 933		
4	0.80 800	0.77 433	0.27 775		
5	0.81 431	0.78 275	0.28 616		
6	0.82 062	0.79 116	0.29 458		
7	0.82 693	0.79 958	0.30 300		
8	0.83 325	0.80 800	0.31 141		
9	0.83 956	0.81 641	0.31 983		
10	0.84 587	0.82 483	0.32 825		
11	0.85 218	0.83 325	0.33 666		
12	0.85 850	0.84 166	0.34 508		
13	0.86 481	0.85 008	0.35 350		
14	0.87 112	0.85 850	0.36 191		
15	0.87 743	0.86 691	0.37 033		
16	0.88 375	0.87 533	0.37 875		
17	0.89 006	0.88 375	0.38 716	0.00 841	
18	0.89 637	0.89 216	0.39 558	0.01 683	
19	0.90 268	0.90 058	0.40 400	0.02 525	
20	0.90 900	0.90 900	0.41 241	0.03 366	
21	0.91 531	0.91.741	0.42 083	0.04 208	
22	0.92 162	0.92 583	0.42 925	0.05 050	
23	0.92 793	0.93 425	0.43 766	0.05 891	
24	0.93 425	0.94 266	0.44 608	0.06 733	
25	0.94 056	0.95 108	0.45 450	0.07 575	
26	0 94 687	0.95 950	0.46 291	0.08 416	
27	0.95 318	0.96 791	0.47 133	0.09 258	
28	0.95 950	0.97 633	0.47 975	0.10 100	
29	0.96 581	0.98 475	0.48 816	0.10 941	
30	0.97 212	0.99 316	0.49 658	0.11 783	
31	0.97 843	1.00 158	0.50 500	0.12 625	

Juin 1881

DATES	RÉPARTITION	3ᵉ VERSEMENT	4ᵉ VERSEMENT	5ᵉ VERSEMENT
1ᵉʳ	0.98 475	1.01 000	0.51 341	0.13 466
2	0.99 106	1.01 841	0.52 183	0.14 308
3	0.99 737	1.02 683	0.53 025	0.15 150
4	1.00 368	1.03 525	0.53 866	0.15 991
5	1.01 000	1.04 366	0.54 708	0.16 833
6	1.01 631	1.05 208	0.55 550	0.17 675
7	1.02 262	1.06 050	0.56 391	0.18 516
8	1.02 893	1.06 891	0.57 233	0.19 358
9	1.03 525	1.07 733	0.58 075	0.20 200
10	1.04 156	1.08 575	0.58 916	0.21 041
11	1.04 787	1.09 416	0.59 758	0.21 883
12	1.05 418	1.10 258	0.60 600	0.22 725
13	1.06 050	1.11 100	0.61 441	0.23 566
14	1.06 681	1.11 941	0.62 283	0.24 408
15	1.07 312	1.12 783	0.63 125	0.25 250
16	1.07 943	1.13 625	0.63 966	0.26 091
17	1.08 575	1.14 466	0.64 808	0.26 933
18	1.09 206	1.15 308	0.65 650	0.27 775
19	1.09 837	1.16 150	0.66 491	0.28 616
20	1.10 468	1.16 991	0.67 333	0.29 458
21	1.11 100	1.17 833	0.68 175	0.30 300
22	1.11 731	1.18 675	0.69 016	0.31 141
23	1.12 362	1.19 516	0.69 858	0.31 983
24	1.12 993	1.20 358	0.70 700	0.32 825
25	1.13 625	1.21 200	0.71 541	0.33 666
26	1.14 256	1.22 041	0.72 383	0.34 508
27	1.14 887	1.22 883	0.73 225	0.35 350
28	1.15 518	1.23 725	0.74 066	0.36 191
29	1.16 150	1.24 566	0.74 908	0.37 033
30	1.16 781	1.25 408	0.75 750	0.37 875

Juillet 1881

DATES	RÉPARTITION	3e VERSEMENT	4e VERSEMENT	5e VERSEMENT	6e VERSEMENT
1er	1.17 412	1.26 250	0.76 591	0.38 716	
2	1.18 043	1.27 091	0.77 433	0.39 558	0.00 841
3	1.18 675	1.27 933	0.78 275	0.40 400	0.01 683
4	1.19 306	1.28 775	0.79 116	0.41 241	0.02 525
5	1.19 937	1.29 616	0.79 958	0.42 083	0.03 366
6	1.20 568	1.30 458	0.80 800	0.42 925	0.04 208
7	1.21 200	1.31 300	0.81 641	0.43 766	0.05 050
8	1.21 831	1.32 141	0.82 483	0.44 608	0.05 891
9	1.22 462	1.32 983	0.83 325	0.45 450	0.06 733
10	1.23 093	1.33 825	0.84 166	0.46 291	0.07 575
11	1.23 725	1.34 666	0.85 008	0.47 133	0.08 416
12	1.24 356	1.35 508	0.85 850	0.47 975	0.09 258
13	1.24 987	1.36 350	0.86 691	0.48 816	0.10 100
14	1.25 618	1.37 191	0.87 533	0.49 658	0.10 941
15	1.26 250	1.38 033	0.88 375	0.50 500	0.11 783
16	1.26 881	1.38 875	0.89 216	0.51 341	0.12 625
17	1.27 512	1.39 716	0.90 058	0.52 183	0.13 466
18	1.28 143	1.40 558	0.90 900	0.53 025	0.14 308
19	1.28 775	1.41 400	0.91 741	0.53 866	0.15 150
20	1.29 406	1.42 241	0.92 583	0.54 708	0.15 991
21	1.30 037	1.43 083	0.93 425	0.55 550	0.16 833
22	1.30 668	1.43 925	0.94 266	0.56 391	0.17 675
23	1.31 300	1.44 766	0.95 108	0.57 233	0.18 516
24	1.31 931	1.45 608	0.95 950	0.58 075	0.19 358
25	1.32 562	1.46 450	0.96 791	0.58 916	0.20 200
26	1.33 193	1.47 291	0.97 633	0.59 758	0.21 041
27	1.33 825	1.48 133	0.98 475	0.60 600	0.21 883
28	1.34 456	1.48 975	0.99 316	0.61 441	0.22 725
29	1.35 087	1.49 816	1.00 158	0.62 283	0.23 566
30	1.35 748	1.50 658	1.01 000	0.63 125	0.24 408
31	1.36 350	1.51 500	1.01 844	0.63 966	0.25 250

Août 1881

DATES	RÉPARTITION	3e VERSEMENT	4e VERSEMENT	5e VERSEMENT	6e VERSEMENT
1er	1.36 981	1.52 341	1.02 683	0.64 808	0.26 091
2	1.37 612	1.53 183	1.03 525	0.65 650	0.26 933
3	1.38 243	1.54 025	1.04 366	0.66 491	0.27 775
4	1.38 875	1.54 866	1.05 208	0.67.333	0.28 616
5	1.39 506	1.55 708	1.06 050	0.68.175	0.29 458
6	1.40 137	1.56 550	1.06 891	0.69 016	0.30 300
7	1.40 768	1.57 391	1.07 733	0.69 858	0.31 141
8	1.41 400	1.58 233	1.08 575	0.70 700	0.31.983
9	1.42 031	1.59 075	1.09 416	0.71 541	0.32.825
10	1.42 662	1.59 916	1.40 258	0.72 383	0.33 666
11	1.43 293	1.60 758	1.11 100	0.73 225	0.34 508
12	1.43 925	1.61 600	1.11 941	0.74 066	0.35 350
13	1.44 556	1.62 441	1.12 783	0.74 908	0.36 191
14	1.45 187	1.63 283	1.13 625	0 75 750	0 37 033
15	1.45 818	1.64 125	1.14 466	0.76 591	0.37 875
16	1.46 450	1.64 966	1.15 308	0.77 433	0.38 716
17	1.47 081	1.65 808	1.16 150	0.78 275	0.39 558
18	1.47 712	1.66 650	1.16 991	0.79 116	0.40 400
19	1.48 343	1.67 491	1.17 833	0.79 958	0.41 241
20	1.48 975	1.68 333	1 18 675	0.80 800	0.42 083
21	1.49 606	1.69 175	1.19 516	0.81 641	0 42 925
22	1.50 237	1.70 016	1.20 358	0.82 483	0.43 766
23	1.50 868	1.70 858	1.21 200	0.83 325	0.44 608
24	1.51 500	1.71 700	1.22 041	0.84 166	0.45 450
25	1.52 131	1.72 541	1.22 883	0.85 008	0.46 291
26	1.52 762	1.73 383	1.23 725	0.85 850	0.47 133
27	1.53 393	1.74 225	1.24 566	0.86 691	0.47 975
28	1.54 025	1.75 066	1.25 408	0.87 533	0.48 816
29	1.54 656	1.75 908	1.26 250	0.88 375	0.49 658
30	1.55 287	1.76 750	1.27 091	0.89 216	0.50 500
31	1.55 918	1.77 591	1.27 933	0.90 058	0.51 341

Septembre 1881

DATES	RÉPARTITION	3e VERSEMENT	4e VERSEMENT	5e VERSEMENT	6e VERSEMENT
1er	1.56 550	1.78 433	1.28 775	0.90 900	0.52 183
2	1.57 181	1.79 275	1.29 616	0.91 741	0.53 025
3	1.57 812	1.80 116	1.30 458	0.92 583	0.53 866
4	1.58 443	1.80 958	1.31 300	0.93 425	0.54 708
5	1.59 075	1.81 800	1.32 141	0.94 266	0.55 550
6	1.59 706	1.82 641	1.32 983	0.95 108	0.56 391
7	1.60 337	1.83 483	1.33 825	0.95 950	0.57 233
8	1.60 968	1.84 325	1.34 666	0.96 791	0.58 075
9	1.61 600	1.85 166	1.35 508	0.97 633	0.58 916
10	1.62 231	1.86 008	1.36 350	0.98 475	0.59 758
11	1.62 862	1.86 850	1.37 191	0.99 316	0.60 600
12	1.63 493	1.87 691	1.38 033	1.00 158	0.61 441
13	1.64 125	1.88 533	1.38 875	1.01 000	0.62 283
14	1.64 756	1.89 375	1.39 716	1.01 841	0.63 125
15	1.65 387	1.90 216	1.40 558	1.02 683	0.63 966
16	1.66 018	1.91 058	1.41 400	1 03 525	0.64 808
17	1.66 650	1.91 900	1.42 241	1.04 366	0.65 650
18	1.67 281	1.92 741	1.43 083	1.05 208	0.66 491
19	1.67 912	1.93 583	1.43 925	1.06 050	0.67 333
20	1.68 543	1.94 425	1.44 766	1.06 891	0.68 175
21	1.69 175	1.95 266	1.45 608	1.07 733	0.69 016
22	1.69 806	1.96 108	1.46 450	1.08 575	0.69 858
23	1.70 437	1.96 950	1.47 291	1.09 416	0.70 700
24	1.71 068	1.97 791	1.48 133	1.10 258	0.71 541
25	1.71 700	1.98 633	1.48 975	1.11 100	0.72 383
26	1.72 331	1.99 475	1.49 816	1.11 941	0.73 225
27	1.72 962	2.00 316	1.50 658	1.12 783	0.74 066
28	1.73 593	2.01 158	1.51 500	1.13 625	0.74 908
29	1.74 225	2.02 000	1.52 341	1.14 466	0.75 750
30	1.74 856	2.02 844	1.53 183	1.15 308	0.76 591

Octobre 1881

DATES	RÉPARTITION	3e VERSEMENT	4e VERSEMENT	5e VERSEMENT	6e VERSEMENT
1er	1.75 487	2.03 683	1.54 025	1.16 150	0.77 433
2	1.76 118	2.04 525	1.54 866	1.16 991	0.78 275
3	1.76 750	2.05 366	1.55 708	1.17 833	0.79 116
4	1.77 381	2.06 208	1 56 550	1.18 675	0.79 958
5	1.78 012	2.07 050	1.57 391	1.19 516	0.80 800
6	1.78 643	2.07 891	1.58 233	1.20 358	0.81 644
7	1.79 275	2.08 733	1.59 075	1.21 200	0.82 483
8	1.79 906	2.09 575	1.59 916	1.22 041	0.83 325
9	1.80 537	2.10 416	1.60 758	1.22 883	0.84 166
10	1.81 168	2.11 258	1.61 600	1.23 725	0.85 008
11	1.81 800	2.12 100	1.62 441	1.24 566	0.85 850
12	1.82 431	2.12 941	1.63 283	1.25 408	0.86 691
13	1.83 062	2.13 783	1.64 125	1.26 250	0.87 533
14	1.83 693	2.14 625	1.64 966	1.27 091	0.88 375
15	1.84 325	2.15 466	1.65 808	1.27 933	0.89 216
16	1.84 956	2.16 308	1.66 650	1.28 775	0.90 058
17	1.85 587	2.17 150	1.67 491	1.29 616	0.90 900
18	1.86 218	2.17 991	1.68 333	1.30 458	0.91 741
19	1.86 850	2.18 833	1.69 175	1.31 300	0.92 583
20	1.87 481	2.19 675	1.70 016	1.32 141	0.93 425
21	1.88 112	2.20 516	1.70 858	1.32 983	0.94 266
22	1.88 743	2.21 358	1.71 700	1.33 825	0.95 108
23	1.89 375	2.22 200	1.72 541	1.34 666	0.95 950
24	1.90 006	2.23 041	1.73 383	1.35 508	0.96 791
25	1.90 637	2.23 883	1.74 225	1.36 350	0.97 633
26	1.91 268	2.24 725	1 75 066	1.37 101	0.08 475
27	1.91 900	2.25 566	1 75 908	1.38 033	0 99 316
28	1.92 5 1	2.26 408	1.76 750	1.38 875	1.00 158
29	1.93 162	2.27 250	1.77 591	1.39 716	1.01 000
30	1.93 793	2.28 091	1.78 433	1.40 558	1.01 844
31	1.94 425	2.28 933	1.79 275	1.41 400	1.02 683

Novembre 1881

DATES	RÉPARTITION	3e VERSEMENT	4e VERSEMENT	5e VERSEMENT	6e VERSEMENT
1er	1.95 056	2.29 775	1.80 116	1.42 241	1.03 525
2	1.95 687	2.30 616	1.80 958	1.43 083	1.04 366
3	1.96 318	2 31 458	1.81 800	1.43 925	1.05 208
4	1.96 950	2.32 300	1.82 641	1.44 766	1.06 050
5	1.97 581	2.33 141	1.83 483	1.45 608	1.06 891
6	1.98 212	2.33 983	1.84 325	1.46 450	1.07 733
7	1.98 843	2.34 825	1.85 166	1.47 291	1.08 575
8	1.99 475	2.35 666	1.86 008	1.48 133	1.09 416
9	2.00 106	2.36 508	1.86 850	1.48 975	1.10 258
10	2.00 737	2.37 350	1.87 691	1.49 816	1.11 100
11	2.01 368	2.38 191	1.88 533	1.50 658	1.11 944
12	2.02 000	2.39 033	1.89 375	1.51 500	1.12 783
13	2.02 631	2.39 875	1.90 216	1.52 341	1.13 625
14	2.03 262	2.40 716	1.91 058	1.53 183	1.14 466
15	2.03 893	2.41 558	1.91 900	1.54 025	1.15 308
16	2.04 525	2.42 400	1.92 741	1.54 866	1.16 150
17	2.05 156	2.43 241	1.93 583	1.55 708	1.16 991
18	2.05 787	2.44 083	1.94 425	1.56 550	1.17 833
19	2.06 418	2.44 925	1.95 266	1.57 391	1.18 675
20	2.07 050	2.45 766	1.96 108	1.58 233	1 19 516
21	2.07 681	2.46 608	1.96 950	1.59 075	1.20 358
22	2.08 312	2.47 450	1.97 791	1.59 916	1.21 200
23	2.08 943	2.48 291	1.98 633	1.60 758	1.22 041
24	2.09 575	2.49 133	1.99 475	1.61 600	1.22 883
25	2.10 206	2.49 975	2.00 316	1.62 441	1.23 725
26	2.10 837	2.50 816	2.01 158	1.63 283	1.24 566
27	2.11 468	2.51 658	2.02 000	1.64 125	1.25 408
28	2.12 100	2.52 500	2.02 841	1.64 966	1.26 250
29	2.12 731	2.53 341	2.03 683	1.65 808	1.27 091
30	2.13 362	2.54 183	2.04 525	1.66 650	1.27 933

Décembre 1881

DATES	RÉPARTITION	3e VERSEMENT	4e VERSEMENT	5e VERSEMENT	6e VERSEMENT
1er	2.13 993	2.55 025	2.05 366	1.67 491	1.28 775
2	2.14 625	2.55 866	2.06 208	1.68 333	1.29 616
3	2.15 256	2.56 708	2.07 050	1.69 175	1.30 458
4	2.15 887	2.57 550	2.07 891	1.70 016	1.31 300
5	2.16 518	2.58 391	2.08 733	1.70 858	1.32 141
6	2.17 150	2.59 233	2.09 575	1.71 700	1.32 983
7	2.17 781	2.60 075	2.10 416	1.72 541	1.33 825
8	2.18 412	2.60 916	2.11 258	1.73 383	1.34 666
9	2.19 043	2.61 758	2.12 100	1.74 225	1.35 508
10	2.19 675	2.62 600	2.12 941	1.75 066	1.36 350
11	2.20 306	2.63 441	2.13 783	1.75 908	1.37 191
12	2.20 937	2.64 283	2.14 625	1.76 750	1.38 033
13	2.21 568	2.65 125	2.15 466	1.77 591	1.38 875
14	2.22 200	2.65 966	2.16 308	1.78 433	1.39 716
15	2.22 831	2.66 808	2.17 150	1.79 275	1.40 558
16	2.23 462	2.67 650	2.17 991	1.80 116	1.41 400
17	2.24 093	2.68 491	2.18 833	1.80 958	1.42 241
18	2.24 725	2.69 333	2.19 675	1.81 800	1.43 083
19	2.25 356	2.70 175	2.20 516	1.82 641	1.43 925
20	2.25 987	2.71 016	2.21 358	1.83 483	1.44 766
21	2.26 618	2.71 858	2.22 200	1.84 325	1.45 608
22	2.27 250	2.72 700	2.23 041	1.85 166	1.46 450
23	2.27 881	2.73 541	2.23 883	1.86 008	1.47 291
24	2.28 512	2.74 383	2.24 725	1.86 850	1.48 133
25	2.29 143	2.75 225	2.25 566	1.87 691	1.48 975
26	2.29 775	2.76 066	2.26 408	1.88 533	1.49 816
27	2.30 406	2.76 908	2.27 250	1.89 375	1.50 658
28	2.31 037	2.77 750	2.28 091	1.90 216	1.51 500
29	2.31 668	2.78 591	2.28 933	1.91 058	1.52 341
30	2.32 300	2.79 433	2.29 775	1.91 900	1.53 183
31	2.32 931	2.80 275	2.30 616	1.92 741	1.54 025

IMP. CENTRALE DES CHEMINS DE FER, — A. CHAIX ET Cⁱᵉ, RUE BERGÈRE, 20. — 24177-0.